새

새

초판 1쇄 인쇄 2025년 06월 30일
지은이 이상범
펴낸이 이승훈
펴낸곳 해드림출판사
주 소 서울 영등포구 경인로82길 3-4(문래동1가 39)
        센터플러스빌딩 1004호(우편 07371)
        전 화   02-2612-5552
        팩 스   02-2688-5568
        E-mail   jlee5059@hanmail.net

등록번호 제87-2007-000011호
등록일자 2007년 5월 4일

* 책값은 표지에 있습니다
* 잘못된 책은 바꿔드립니다
* 이 책의 저작권은 저자에게 있습니다

ISBN 979-11-5634-634-0

새

이상범 시집

인물 풍경

해드림출판사

시인의 말

코로나 시대의 여류 인물 풍경

　　20여 년 전까지만 해도 가끔가끔 캐리커처를 해 왔었다. 70을 넘어 그림 그리기가 좀 뜸하지 않았나 싶다. 그러다가 코로나 시대에 접어들면서 오늘은 A 코스 내일은 C 코스 하며 적당한 거리(3~5.000M)를 걸어 돌아오다 카페에 들려 차도 한 잔 들며 캐리커처가 시작되었다. 그 시발점이 2022년도쯤 될 것 같다. 그 무렵은 카페에 들러 봤자 그림 그리기가 무척 힘들었다.

　　위생관념이 워낙 투철(?)한 시기였기 때문이다. 냉커피를 마시는 방법으로 빨대를 마스크 안으로 슬쩍 밀어 넣어 마셨다. 아무튼 시일이 지나자 마시고 먹는 시간엔 마스크를 벗음으로써 캐리커처의 틈새

제공이 생겨 그림 그리기에 여유가 생겨났던 셈이다.

　　최초엔 까만 바탕 화지에 흰색 볼펜이 많이 사용되었다. 그러기에 속도를 낼 수 있어 차 한 잔 마시며 떠나는 짧은 시간을 이용할 수 있었다. 하기에 컵에 70%쯤은 음료가 차 있으면 그림에 손을 대되, 반 이하면 그리기를 포기하는 센스까지 지니게 되었다. 물론 약간의 시비도 있었다. 그러나 혼자 왔거나 공부하는 이(대학 입시 준비, 취직 시험 준비, 기타 논문 준비 등) 등은 고마워하고 반겨했다. 그려준 사진을 들고 본인과 사진을 찍는 경우가 많았다. 눈물을 흘리는 경우도 기십 명은 되었는데, 왜 우느냐 물었더니 이런 일이 처음이고 감동을 많이 받아 그렇다고 했다. 물론 만년필형 붓으로 그리기가 2023년부터는 가장 많이 애용되었다. 그리고 다시 성취감을 주는 것도 붓이었고, 말하자면 예술성이 돋보이게 하는 붓끝의 묘미가 있었다. 그래도 2023~2024년엔 원본은 주고 핸드폰으로 찍은 사진이 상태가 좋지 않은 게 일부가 보관되어 이 시집을 엮는데 도움을 준 결과가 되었다.

어찌 되었건, 처음엔 100명을 그려주는 것을 목표로 하다가 다시 1,000명을 목표 수정을 하여 2년 만인 2024년에 달성했음을 알았다. 많이 힘들었다. 목이 아파 한방 치료를 여러 번 받기도 했다. 아무려나 1,000명의 여성분에게 그려준 것에 감사하고 2024년 10월까지 계속되었고 그 이후엔 시집을 내려니 핸드폰으로 찍도록 했다. 왜 여자분들 만이냐 하는 물음에는 80% 정도로 여자분이 많았고 무엇보다 머릿결의 아름다움에 난 매료당한 듯했다. 작품이 42편인 까닭은 불가의 42장경을 염두에 두었기 때문이다.

2025년 03월

이상범

차례

시인의 말	코로나 시대의 여류 인물 풍경		4
발문	우주를 포획하는 이상범의 시학	ㅣ이근배	186
발문	붓끝으로 읽은 시대 진단, 혹은 원융으로 불러낸 인간애	ㅣ민병도	198
발문	녹원 이상범 시인의 상상 세계	ㅣ이숭원	214

I

정일품正一品	15
피안의 등불	19
단정학丹頂鶴	23
큰 산성山城	27
케이블카 타고 권금성을 오른다	31
들판엔 메뚜기 떼	35
창변엔 멧비둘기	39
여객기도 소리 죽여	43
친구	47
흰 비둘기 떼	51
잔대 꽃은 꽃자주 빛	55
까치 부부	59
공작새	63
파랑새	67

구절초 꽃	71
더디 사는 법	75
구름 부호	79
까만 별	83
뻐꾸기 소리	87
꾀꼬리 소리에도 노란 향기	91
머리 위엔 새 한 마리	95

II

학의 울음	101
히말라야 눈보라	105
꿈	109
깔끔미美	113
태풍의 눈	117
물새 떼	121
메뚜기 떼 풀풀 난다	125
동해에 빠진 눈발은	129
칼 새	133
아름다운 숙녀	137
고요 생각	141
산에는 노란 송홧가루	145
노트북을 바라보며	149
깃털 구름	153
평창엔 아직도 "스키 점프 새"	157
화살 같은 햇살	161
입방아	165
조막손의 기도	169
쇠기러기	173
소리 집	177
물총새	181

I

14 새

정일품正一品

한낮엔 쨍한 햇살

지상으로 쏟아지고

밤이면 물먹은 눈송이

이 땅 위에 부리는 소리…

대관령 상고대의 풍광

해 뜨기 전 정일품正一品.

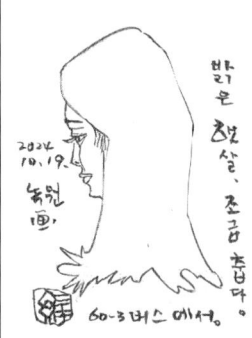

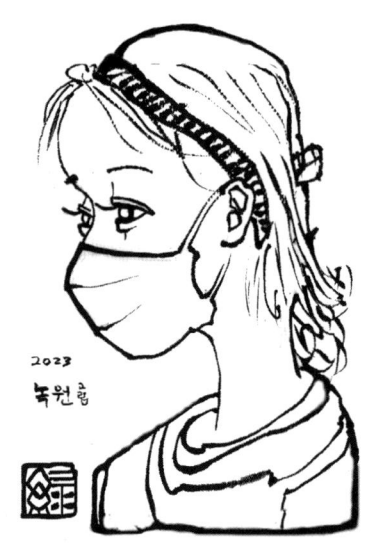

피안의 등불
-비무장지대 내 초소〔GP〕에는 발전기로
밤새 불을 밝혔다

휴전선은 철조망에

지뢰밭이 맞는 말이다

눈바람 속 불을 밝혀

순찰하고 깔창을 말려

밤 초소 운무雲霧의 바다에 뜬

섬 하나가 피안의 등.

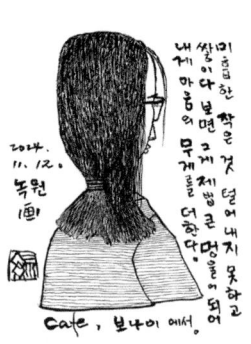

단정학 丹頂鶴

붓으로 죽죽 그은

선이 잠시 꿈틀댄다

흔들리며 제자리로 와

미인이 되어 앉았다

가을 물 서늘한 하늘

높이 뜨는 단정학 丹頂鶴.

24 새

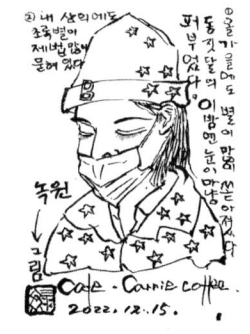

칼국수에 김이 모르는 추위도 가셔。
머리카락 속에 가쳤고 머리칼 속에서
새로 태어나고…。

2024. 11.29.
녹원 画

박가네 칼국수 에서。

큰 산성山城

머릿결을 매만지며

철학을 가꾸었다

생각의 연륜을 타고

어여쁜 친구 얼레빗 하나

머리를 들고 둘러보니

바람 두른 큰 산성山城.

케이블카 타고 권금성을 오른다

먹 비단 바라클라바 속

고운 이 눈길을 당겼다

뜨거운 햇살도 막고

에어컨 추위도 막아

눈이 큰 그와 케이블카 타고

권금성을 올라간다.

이제 또 천둥과 벼락이 치고 폭우가 쏟아질지도 모른다. 울타리 장미는 그 요염한 진다홍색 사랑의 색을 펼칠지도 모른다.

새

들판엔 메뚜기 떼

천둥과 번개도 가시고

구름 한 점 없는 하늘

그의 글씨는 아주 작아

톡톡 튀는 그게 젊음

저 너른 들판엔 메뚜기 떼

풀풀 날아 뿌옇다.

창변엔 멧비둘기
  － 은행 창구에서

이 모습은 중학시절

풀어헤친 모습이다

손수건의 귀퉁이에

꽃수繡가 찍혀 있다

창변엔 멧비둘기 날고

창구엔 마른 은방울꽃.

여객기도 소리 죽여

늦은 가을비 그치고

바싹 추워진 날씨

하늘 또한 하도 맑아

돌 던지면 깨질 것 같다

여객기 소리에 깨질까

소리 죽여 날고 있다.

친구

눈 한번 굴려주면

친구들이 한눈에 들었다

머리 한번 흔드노라면

말도 한데 모아졌다

ET의 하늘 오름 자전거

UFO는 사라졌다.

흰 비둘기 떼

폴싹폴싹 머릿결이

바람을 타고 논다

부서지는 분홍 향기

바람을 물들인다

가을이 환하게 웃는다

하늘 선회 흰 비둘기 떼.

잔대 꽃은 꽃자주 빛

꽁 꽁 언 추위 속

겨울 하늘 이리 춥다

불모지엔 잡초가 무성

마른 잔대 꽃자주 빛

하늘엔 높이 뜬 매의 눈

배회하는 눈망울.

까치 부부

어려움도 대화로 풀면

그만큼 가벼워져

설득하고 이해하고

도움 주고 힘을 보탠다,

이 무렵 까치 한 쌍 날며

까치 까치 까치 까치.

공작새

머릿결이 하도 고와

색을 칠해 보았습니다

공작새의 날개를 꿈꾸며

연한 색을 칠했습니다

파르르 떠는 부챗살

멀리 날아 갔습니다.

파랑새

눈빛이 맑은 너는

이다음에 시인되겠다

그 말 한마디가

중년쯤에 그를 그리 앉혔다

더러는 눌렸던 생각

산을 넘는 파랑새.

구절초 꽃

가을이 되니 구절초 꽃

길 양편에 피었습니다

코스모스 꽃인 줄 알고

지나칠 뻔했습니다

비스듬 곧은 소나무

얼굴 굴리는 구절초 꽃.

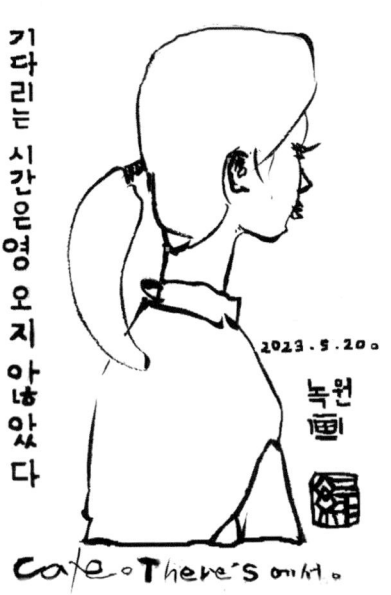

더디 사는 법

기다리는 시간은

영 오지 않았다

풀 향기 같은 가을

향내 맡고 살고 싶다

풀벌레 짧은 삶이어도

더디 사는 법 일러준다.

구름 부호

발 박자를 맞추어 가며

노트북을 읊조리는 노래

청아한 목소리가

물결무늬 회랑을 돌고

악보로 보이는 구름 부호

참새 떼가 몰려간다.

까만 별

지난 가을 밤엔

초록별도 많이 쏟아져

지금도 옷섶엔

별이 아직 남아 있다

몇 광년 가야 할 초록별

마스크 속 까만 별.

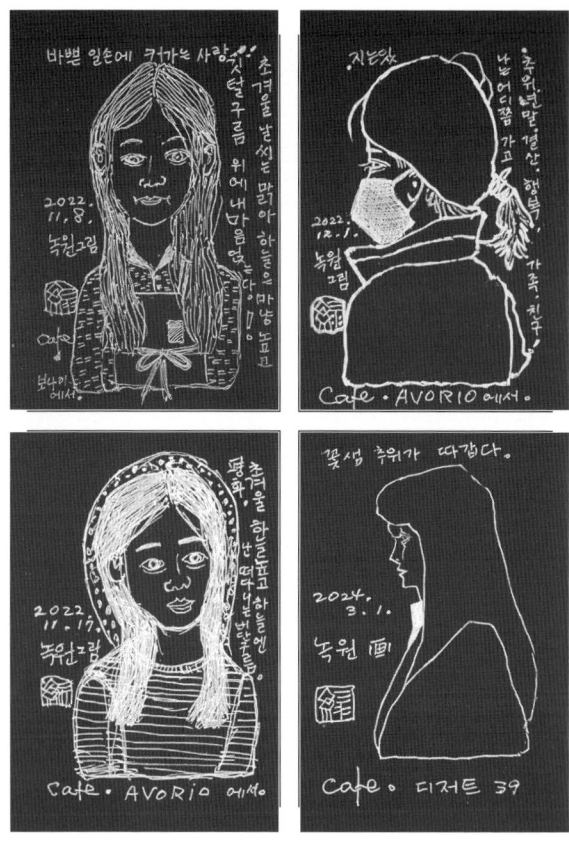

뻐꾸기 소리

로댕의 생각하는 사람

전체를 알고 세부를 구상

생각하고 생각하는

두 접점이 열어가는 길

한참을 턱을 괴고 앉아

귀로 듣는 뻐꾹 소리….

꾀꼬리 소리에도 노란 향기

아름다운 꽃이 지자

초록이 눈부시다

녹음의 잎 그늘엔

벤치가 새삼스럽고

꾀꼬리 한 쌍의 사랑놀이

소리에도 노란 향기…

머리 위엔 새 한 마리

강아지와 고양이랑

깜찍한 옷 장식하기

그게 그리 어려운 건

시간과의 싸움이다

안목이 높은 이의 선택

사포紗布 위엔 새 한 마리.

II

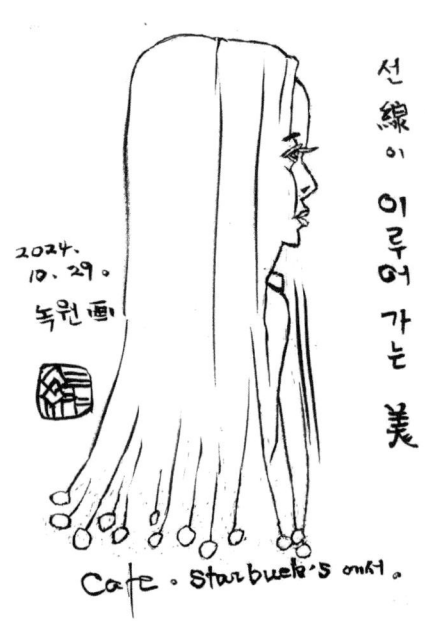

학의 울음

옆모습의 눈부신 선

머릿결에 가렸다

묻어 둔 얼굴선이

살짝살짝 떠올랐다

저 만큼 떨어져 스치는

살 내음 띈 학의 울음.

회오리 바람이 한번 돌고 갔나, 돌아간 자국이 있는듯이 보인다. 그래 그런가 반듯한 자세다.

2024. 11. 17.
녹원 畵

Cafe Starbuck's 에서.

히말라야 눈보라

그래 회오리바람이

휘몰아쳐 갔나 보다

머릿결 외투를 두른

부처인가 싶었다

아직도 저 먼 곳 바라보면

히말라야 눈보라.

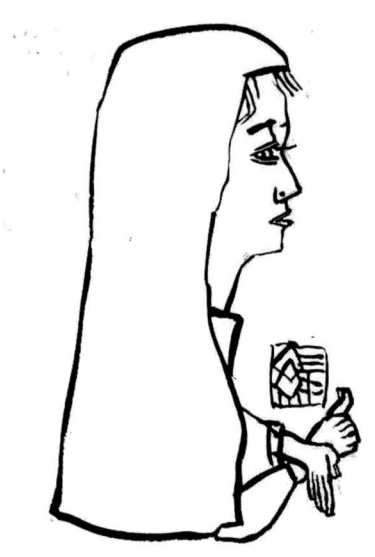

꿈
-조종사는 엄지손 세워

한국은 선진국 십위 권

방위산업 최상위권

케이에프 이십일 KF 21

조종사는 엄지손 세워

한국형 항공모함의

함재기도 끼워 팔 꿈.

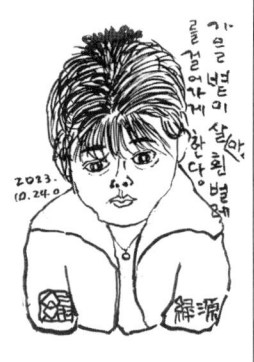

깔끔미美

내가 그린 내 그림인데

야무진 미美에 내가 감탄

말을 슬쩍 건네노라면

뭐라 할지 그게 궁금하다

줄 장미 사이 타는 노을

새가 사랑 그물을 짠다.

태풍의 눈

장마 뒤에 옥빛 하늘

옥빛 구름 옥빛 바람

볶아 엉긴 머릿결이

동글동글 미로 같다

세상사 돌고 도는 곡예

태풍의 눈 소용돌이

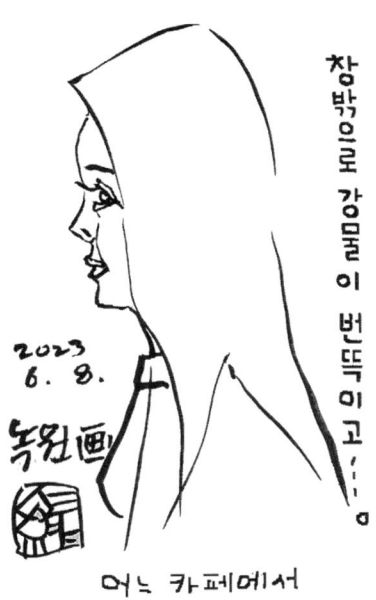

물새 떼

창밖은 강물 위에

드럼 치듯 반짝이고

나팔관 굽굽이 돌듯

진초록 빨려 드는 원경遠景

수면을 낮게 나는 물새 떼

눈 못 떼는 그녀의 눈길.

메뚜기 떼 풀풀 난다

그리 덥던 날씨가 가시고

구름 한 점 없는 하늘

글씨는 아주 작아도

톡톡 튀는 젊음이란다,

그 너른 들판엔 메뚜기 떼

풀풀 날아 초원 같다.

동해에 빠진 눈발은

창밖엔 첫눈이

태백을 향해 달려간다

잔눈에 수분이 실려

산맥엔 길로 쌓인 눈

동해에 빠진 눈발은

눈〔雪〕물인가 짠〔海〕물인가.

칼 새

의욕과 욕심은 같다

진전이 있는 삶이라면

무엇이든 최상의 삶

그것이 날 이리 만들었나

펄럭일 깃발을 바라보면

칼 새 문득 스쳐 간다.

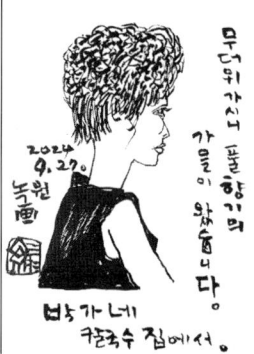

아름다운 숙녀

장맛비 그치고서

햇살 드는 창가에 앉아

동그란 눈 둥그런 이마

다문 입 애릿해라

구구구 굽은 소나무

멧비둘기 울음 운다.

고요 생각

숨소리만 들리는 듯

움직이지 않았다

세상을 꿀꺽 삼킨 채

삶을 생각하게 했다

태백엔 부라리는 독수리

응시하는 동해 저쪽.

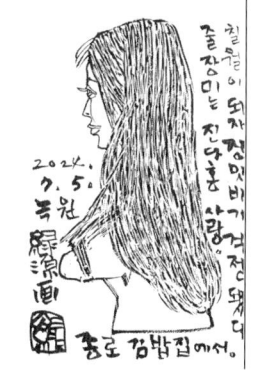
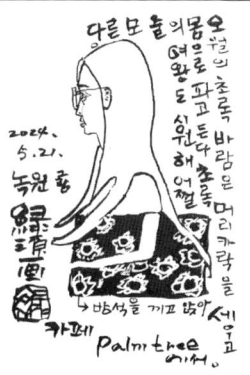

산에는 노란 송홧가루

산수유 노란 꽃잎

가을이면 붉은 열매

작지만 익어가는 우정

알알이 눈뜨는 열매

산에는 노란 송홧가루

바람 타고 흩뿌린다.

노트북을 바라보며

풋것의 상想을 심고

생각의 물 주었더니

어느새 웃자라서

꽃눈까지 달고 나왔다

과제가 익는 시간표 속

과실 향도 살짝 난다.

깃털 구름

모자 머리칼

모자 띠 안경까지

꽉 짜인 듯 수수한

이미지에 바람 날라

탁 트인 하늘엔 깃털 구름

깃털 위에 얹힌 여심.

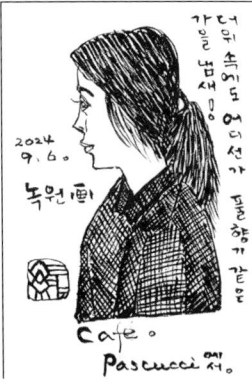

봄이 머지 않았다는 느긋한 날씨에.
2024. 2. 12.
녹원画
cafe。 더 위로。

추석 쇠고 가볍게 나와 책을 읽는다.
2024. 9. 19.
녹원画
cafe。Starbuck's 에서。

늦가을 風景。다 늦해서인 바람으로 세는 바람으로 바꾼다。
추적추적 오는 비가 단풍을 죄다 떨구고
2023. 11. 6.
녹원画
cafe。LUA

구월에도 장마비, 늦여름 같은 가을이 그립다.
2024. 9. 20.
녹원画
cafe。Starbuck's 에서。

평창엔 아직도 "스키 점프 새"

반짝반짝 예스러움이

잠을 털고 일어납니다

수실로 짠 동심과 꽃이

내게 말을 걸어옵니다

평창강 "스키 점프 새"

황새 되어 앉습니다.

화살 같은 햇살

더위 속에도

서늘바람 신기하다

녹음 속에 젖는 평화

편안한 해방감을

꽉 짜인 이파리의 직조

드는 햇살 화살 같다.

입방아

수로水路가 "판야대로"

지켜 가는 작은 미녀

어느 날 머리 올리고

불쑥 나타났다

치렁한 누구나의 연인

입방아를 거두었다.

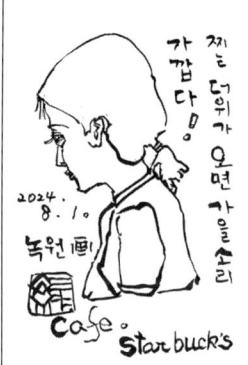

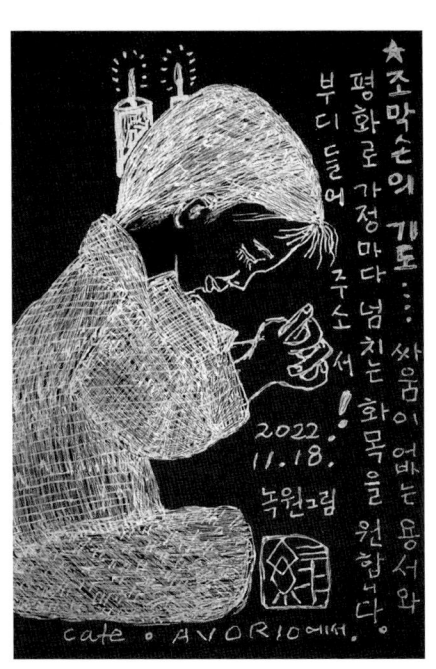

조막손의 기도

싸움이 없는 나라

만들어 주옵소서

평화로운 가정마다

넘치는 화목 비옵니다

어리고 작은 조막손의

뜨건 기도 들어 주소서.

쇠기러기

맺힌 것 모두 풀고

새로운 힘을 싣는다

너의 길 거울삼아

나를 마냥 가꿔간다

스스로 가고는 아니 오는

쇠기러기 높은 운행.

소리 집

보이는 건 안경 귀퉁이

그리고 왼쪽 볼 뿐

작은 단면만 보아도

선한 전체를 알겠다

콩콩콩 딱따구리 한 마리

소리 집을 짓는구나.

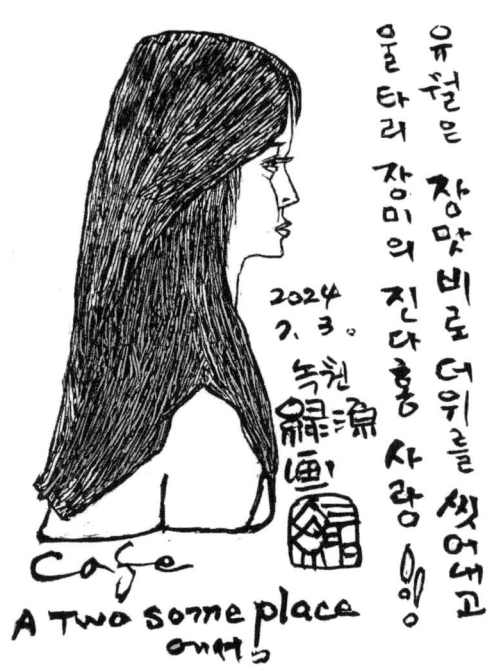

물총새

유월은 장맛비로

더위로 씻어내고

진 다홍 울타리 장미

꾸리 빚는 첫사랑을

눈썹에 얹는 너른 풍광

수로水路 위엔 물총새.

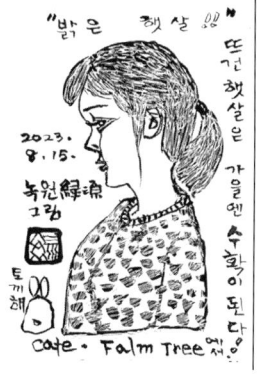

녹원 이상범 캐리커처 시조집 『새』 발문

우주를 포획하는 이상범의 시학
이근배 ǀ 시인, 대한민국예술원 회원

붓끝으로 읽은 시대 진단,
혹은 원융圓融으로 불러낸 인간애
민병도 ǀ 시인·화가

녹원 이상범 시인의 상상 세계
이숭원 ǀ 문학평론가

우주를 포획하는 이상범의 시학

이근배 | 시인, 대한민국예술원 회원

불가사의에의 도전

참으로 아름다운 나라이다. 시로 역사를 일으키고 시로 농사를 짓고 시로 나라 살림을 해 온 겨레이다. 오늘 세상의 크고 작은 나라들에 눈을 돌려 본다.

기원전부터 넘쳐나던 시들이 차츰 시들어가고 소설만 겨우 목을 내밀고 있다. 그런데 우리는 지금 넘치는 시의 한 시대를 외치고 있다. 해마다 3, 4천 권의 신간 시집이 쏟아져 나오고 수 백 종의 문학지는 다투어 시의 지면을 넓히고, 3만 명의 시인이 창작을 하고 있으며 세계 어느 나라에도 없는 〈시 낭송가〉라는 새로운 예술가들이 방방곡곡에 넘쳐나고 있다.

일간지들은 시의 지평을 넓혀주고 등단 나이는 마감이 없다. 이 시의 나라에 태어난 시인들은 너나없이 넘치는 시적 상상력으로 누구도 탐나지 않는 자기만의 시세계로 골똘히 천착해 들어가고 있다.

돌이켜보면 AD 800년에 신라 진성여왕은 각간角干 위홍魏弘과 대구화상大矩和尙에 명하여 「삼대목三代目」을 편찬하였다는 기록이 있다. 신라는 BC 57년에 세웠으니 상대, 중대, 하대에 걸쳐 궁중과 백성들이 지어 부르는 〈향가〉는 얼마이며, 〈삼대목〉에 수록된 시만도 수천 편이 넘칠 터인데 책을 찾을 수 없으니 그 아픔 헤아릴 수 없다. 겨우 일연一延스님이 〈삼국유사〉에 옮겨 적은 것만으로도 시의 깊이와 넓이를 이루 잴 수 없으니 먼 조상으로부터 물려진 겨레의 노래(시)가 어떠했는가를 깊이 깨우치게 한다.

이상범 시인은 바로 저 향가에서 시의 틀을 잡혀온 겨레의 시, 시조의 대가이다. 올해 구순의 나이에도 펄펄 끓는 시정신이며 창작의 맥박이 어느 젊은 천재 시인보다도 앞서서 항상 붓과 노트를 상비하고 어느 누구도 따라오지 못하는 시조의 새 경지로 온몸을 던져 몰입한다. 그뿐이 아니다. 조선의 추사 김정희가 〈세한도〉를 그려내듯 시, 서, 화에 필력을 세워 독존의 경지를 이뤄내고 있다. 〈난 시화집〉 〈펜 시화집〉 〈시화 컬러집〉 등에 이어 〈디카 시집〉만 아홉 권이 넘고 이번의 디카 시집까지 열 권째다. 아직까지 우리 시단에 이처럼 자유분방 파죽지경의 시상을 난사해온 시인은 없다. 등단 이후 어디서 어떻게 시신의 영접을 받은 것인지 우주적 삼라만상과 언어의 재구성에 발산하는 초월적 시상은 한마디로 경이롭다.

이 시집의 표제는 〈새〉이다. 새는 자유롭다. 노래한다. 무한 천공을 난다. 죽지 않는다. 불사조가 있다. 고구려에는 삼족오가 있었다는 전설처럼 불로장수를 의미하기도 한다. 그런데 왜 여자가 〈새〉일까, 여자는 어머니이며 딸이며 아내이며 불멸의 연인이다. 누구도 그런 정의를 내리지는 않았지만 고대 그리스에서 발견돼 루브르 박물관에 있는 로마 신화의 여신상 비너스는 어떤 언어로도 다 풀이할 수 없는 〈우주〉이다. 이상범 시인은 마침내 시의 눈빛으로 〈우주〉를 발견하고 붓을 들어 그 얼굴을 그리면서 샘솟는 시적 감동을 옮겨 쓰기 시작한다. 거리에서도 커피숍에서도 공원에서도 무수히 만나고 스쳐 지나가는 여인들을 볼 때마다 먼저 붓을 들어 그 얼굴을 그려낸다. 누가 허락하지도 않은 절대 보존의 자신을 한 장의 종이에 옮기고 다시 거기 깊이 스며있는 의미를 언어로 바꾸기까지는 사람의 일이 아닌 어떤 절대자 능력만이 감당할 수 있는 일이다.

인류의 절반이 여자다. 그 한 몸의 모든 아름다움과 지성과 삶의 경력과 숨겨진 극비의 언어는 얼굴에 있다. 눈, 코, 입, 귀와 머리카락 신비의 형상에서 우러나오는 무한한 스펙트럼은 오직 시인의 영적 감수성에서만 잡을 수 있다. 이상범 시인이 만나는 여자는 하루에도 헤아릴 수가 없다. 스쳐가는 것, 잡혀 오는 것, 눈을 통해서 가슴에 박히는 것, 걷잡을 수 없는 충동에 구비 치다가, 끓어오르다가, 확산하다가 점점 이미지로 굳혀가는 과정을 거쳐서 시가 되고 글씨가 되고 그림이 되는 삼위일체의 시, 서, 화가 이루어진다.

〈새〉의 변용과 이미지의 확산

〈새〉가 날아들었다. 비둘기, 까치, 참새, 뻐꾸기, 종달새… 저마다 멋진 이름을 달고 고운 소리로 노래 부르며 지저귀는 새들. 그것들 가운데 지금 내가 만나는 새는 누구일까. 눈빛, 고갯짓, 날갯짓 입속에서 우러러 나오는 소리는 또 무엇인가. 그렇지 이놈 봐라, 시인의 눈은 보이는 것, 보이지 않는 것 그리고 먼 우주 밖에서 오는 환상과 놀라운 깨우침까지도 받아 적는다.

> 붓으로 죽죽 그은 / 선이 잠시 꿈틀댄다
> 흔들리며 제자리로 와 / 앉았다
> 가을 물 서늘한 하늘 / 높이 뜨는 단정학
> -「단정학」전문

생각을 따라가는 붓이 그어대는 선이 살아서 천 가닥 만 가닥의 조형물이 되며 꿈틀대고 날아오른다. 어디로 가는 길인가, 무엇이 되려는 몸짓일까, 정신을 차리고 보니 절세의 미인이 막 판서한 듯 모습을 드러낸다. 그렇구나 가을 물 서늘한 저 하늘에 한 마리 단정학이 높이 솟아오르고 있다.

시조는 본래 초, 중, 종 삼장의 단수였다. 현대라는 복잡 무쌍한 시대를 만나서 연작시로 자유시와 맞서고 시의 함량이 늘어지게 되었다. 그 시대의 변화에 엇시조, 사설시조, 장시조로 분화되기도 했지만 시조는 초, 중, 종장이 열고 이어받고 되채기는 아주 불가사의한 의미의 전환으로 사람의 마음을 이리 채고 저리 채다가 대 반전으로 뒤집힌다. 이 절묘한 시 형식은 오랜 시의 역사를 가진 나라의 정형시나 어떤 시 형식에서도 찾을 수 없는 극적 비의秘義를 내포하고 있다.

> 한낮엔 쨍쨍한 햇살 / 지상으로 쏟아지고
> 밤이면 물먹은 눈송이 / 이 땅 위에 부리는 소리
> 대관령 상고대의 풍광 / 해 뜨기 전 정일품正一品
> - 「정일품」 전문

고려에서 조선조에 걸쳐 「정일품」은 관리의 최고

품계이다. 경복궁에 가면 어전 바로 앞에 「정일품」의 품계석이 서서 위용을 뽐내고 있다. 요즘처럼 다양한 산업사회에서 벼슬이 아니고도 부와 명예를 누리고 이름을 후세에까지 높고 멀리 날리는 직업들이 있다. 더욱 예술에 있어서는 그렇다. 그러나 벼슬길이 아니면 소외되고 삶의 온기를 잃던 시대에 정일품이면 더 바랄 수 없는 최상층의 권력과 명예와 함께 풍요를 누릴 수 있었다.

여자에게 정경부인은 될 수 있어도 관직이라 정일품의 벼슬은 받을 수 없던 시대가 있었거니 오늘 시인이 만난 여인은 바로 오를 수 없는 자리에 떨쳐 앉은 품격을 만나는 것이다. 밤이면 물먹은 눈송이가 이 땅 위에 뿌리는 소리를 듣는 귀를 가진 이는 누구일까. 저 신사임당이 본가를 강릉에 두고 아흔아홉 고개 대관령을 넘다가 쓴 사친시思親詩가 낳은 시비로 새겨져 고개 위에 서 있다. 「언제나 강릉길 돌아가/색동옷 입고 재롱떨며 바느질할 거나」 8행 중 끝에 두 행이 율곡 이이의 어머니였고 조선 중기의 화가이며 시인이었던 신사임당이 시대를 넘어 이 땅을 울리고 있다.

그러면 「대관령 상고대 풍관 / 해뜨기 전 정일품」은 바로 5만 원 권 지폐에 올린 신사임당을 그리며 문득 떠올린 시상이었던가. 생각이 여기에 머무르니 다시 고개가

숙여진다.

> 머릿결 매만지며 / 철학을 가꾸었다
> 생각의 연륜을 타고 / 어여쁜 친구 얼레빗 하나
> 머리를 들고 둘러봐 / 바람부는 큰 산성
> - 「큰 산성山城」 전문

서울은 남북으로 북한산성과 남한산성이 지키고 있다. 단군 이후 삼국시대를 거쳐 산성으로 국경을 세우고 국방을 해 왔었다. 기원전 진시황이 쌓은 만리장성은 몇 천년을 인류의 유산으로 세계인들이 찾을 것이다. 진시황의 불로장생의 꿈은 바로 만리장성이 이루고 있음이다.

사람의 머릿속은 뇌가 있어 AI를 넘는 생각을 낳는다. 머릿결을 만지는 일은 막힌 생각을 뚫는 일이며 삶의 지혜를 낳아준다. 머리에 꽂힌 〈얼레빗〉 하나가 몇 광년 이전과 이후까지 신호를 끊어내는 컴퓨터 침이다. 아주 짧은 순간 일 수도 있고 혹은 몇 날을 건너는 시간일 수도 있다. 거기서 또 올려진 시상은 아주 넓고 멀어서 몇 만리 밖으로 내닫는 〈큰 산성〉이 된다. 시는 어디서 와서 어디로 가는가 묻는다면 이 〈큰 산성〉이라 대답해 주리라.

AI를 넘는 이미지의 천착

인류는 언어를 가지기 전부터 시를 가져왔다. 오늘의 AI 시대에 이르기까지 과학도 철학도 모든 예술도 시로부터 얻어낸 것이다. 그토록 전능한 힘을 가진 시는 활자로 나타내고 문학의 한 장르로 들어와 있지만 언어의 언어, 이전의 생각의 생각과 과학, 철학 그 어떤 것도 시의 힘으로 발전되어 왔던 것이다. 공자는 오래 내려온 시 「시경」을 엮어 왔고 호메로스는 기원전 8세기 「일리아드」를 써냈다.

시대가 뒤바뀌면서 정형 시조, 전통 시가 자유시로 옮겨 왔으며 21세기 들어와서는 시의 나라 한국에서 디카 시를 위시한 짧은 시들이 널리 확산하고 있다. 시조에서도 단장이 편애되는 까닭이 그것이다. 이상범 시인은 시조 단장으로 우주 만물을 그려내는 것에 착안하고 여자의 얼굴을 그리면서 스스로 자유를 얻고 평화를 얻고 용서 안에서 누구도 손대지 않은 〈새〉 영역에 몰입하게 된 것이다. "여자는 아무리 연구해도 항상 완전하게 새로운 존재"라고 톨스토이는 깨달았다.

> 눈 한번 굴려주면 / 친구들이 한 눈에 들었다.
> 머리 한번 흔들리면 / 말도 한 데 모아졌다.
> ET의 하늘 오름 자전거 / UFO는 사라졌다.
> - 「친구」 전문

여자는 남자에게 있어서 무엇인가 애인일 수도 아내일 수도 어머니일 수도 그 밖에 꽃일 수도 나무 일수도 토끼일 수도 낙타일 수도 있다. 남자에게 이성인 여자에게서 친구를 느낀다는 것은 사물의 변전이고 확대이다. "머리 한번 흔드노라면 / 말도 한 데 모아졌다."에서 또 하나의 우주가 태어난다. "ET의 하늘 오름 자전거 / UFO는 사라졌다."는 과학적 상상력이 미지의 미래 세계로 펼쳐진다. 첨단의 예지는 대상에서 무한 확대로 세분화하고 확장되면서 우리가 체험하지 못한 미지의 공간까지 점령하며 시적 세계를 넓혀간다.

> 어려움도 대화로 풀면 / 그만큼 가벼워져
> 설득하고 이해하고 / 도움 주고 힘을 보탠다.
> 이 무렵 까치 한 쌍 날며 / 까치 까치 까치 까치
> -「까치 부부」 전문

까치 한 쌍이 마당가 나무에 와서 울어주면 반가운 손님이 오신다거나 집안 좋은 일을 예고해 준다고 반갑게 듣는다. 한 세상 살아가다 보면 좋은 일보다는 얽히고설켜 쉽게 풀리지 않는 일이 더 많다. 그때는 대화하고 설득하고 도움을 주고 힘을 보태면 매듭진 일도 풀리게 된다. 그런데 웬 까치? 그렇다. 마음이 있는 곳에는 날 것

들도 한편이 되어 북 치고 장구 치고 어화둥둥 놀아난다. 보아라, 여기 까치 한 쌍이 날며 까치 까치 까치 까치… 세상에 어렵던 일들을 풀어내고 있다. 시인은 한 여자를 만나서 까치 한 쌍의 넉넉한 배려와 따뜻한 속삭임으로 맺힌 시름을 푼다.

> 로댕의 생각하는 사람 / 전체를 알고 세부를 구상
> 관찰을 턱을 괴고 앉아 / 귀로 듣는 뻐꾹 소리
> 생각하고 생각하는 / 두 접점이 열어 가는 길
> - 「뻐꾸기 소리」 전문

여기 한 여자가 있다. 붓을 들어 그리고 싶다. 옷매무새와 갖춘 소도구들과 나이는 몇 살? 학생 인가, 직장인 인가, 어떤 꿈을 꾸고 사는지 모두 컴컴해도 붓이 들어가는 모습에 마지못한 미지의 세계가 열어진다. 무슨 생각을 하고 있을까 로댕의 생각하는 사람이 겹쳐진다, "생각하고 생각하는 / 두 접점이 열어 가는 길" 거기는 어린 날의 먼 바닷가일 수도 있고, 사람들이 밀려오고 밀려가는 런던이나 뉴욕의 거리일 수도 있고, 고향 가을 메밀밭일 수도 있다. 생각은 생각을 낳고 아득한 미지의 세계로 나는 떠밀려가고 있다. "한참을 턱을 괴고 앉아 / 귀로 듣는 뻐꾸기 소리"는 지금까지 살아 보지 못한 평화롭고 행복한 어떤 미래의 한 풍경일 수도 있다.

>그래 회오리바람이 / 휘몰아쳐 갔나 보다
>머릿결 외투를 두른 / 부처인가 싶었다
>아직도 저 먼곳 바라보면 / 히말라야 눈보라
>- 「히말라야 눈보라」 전문

 춥다. 히말라야 저 정상의 에베레스트에서 눈보라는 얼마나 사납고 매울까, 그냥 따뜻한 바람이 아니라 삶의 경계를 가르는 지구촌의 가장 무서운 눈 폭풍일 것이다. 어떻게 저 아리따운 여자에게서 이토록 찬란한 반역을 읽어 냈을까. "그래 회오리바람이 / 몰아쳐 갔나보다"에서 지금은 평화롭고 안온하지만 여기까지 오기 이전에 어떤 깊고 아픈 시련을 겪고 이겨낸 호연한 모습에 눈이 끌린다. 구도와 면벽의 오랜 시공을 넘어 해탈하신 부처님이 오셨다. 번뇌를 넘어 저 물멸의 내세를 바라보면 오히려 품안에 생기롭게 다가오는 히말라야의 눈보라가 있지 않은가.

>맺힌 것 모두 풀고 / 새로운 힘을 얻는다
>너의 길 거울삼아 / 나를 마냥 가꿔간다
>스스로 가도 아니 오는 / 쇠기러기 높은 운행
>- 「쇠기러기」 전문

너는 누구이고 나는 또 누구인가 시를 찾아 떠나는 행로에는 항상 너와 내가 마주하며 숨겨진 말을 주고 받는다. 네가 나일 때도 있고 내가 너 일 때도 있으며 혹은 하나가 되기도 수 천 수만의 사물로 분화되기도 한다, 이상범 시인은 사색과 천착穿鑿에서 의미를 찾고 무한대로 번져가는 시적 의미를 캐낸다.

　　먼저 나를 풀어야 한다. 쌓이고 쌓인 현실의 모순과 난맥상에서 내가 자유로워야 새로운 힘을 얻을 수 있고 네가 살아 높은 운행"은 다 풀었다고 믿고 있었는데 돌아보면 제자리인 화두話頭로 남는다. 온 길 나아갈 길을 알아야 나의 길도 열게 된다 . "스스로 가고는 아니 오는 / 쇠기러기"

　　〈새〉는 날고 있다. 어디서 왔으며 어디로 가는지도 알 수가 없다. 남자에게 여자는 영원한 미지의 대상이다. 하늘로도 바람으로도 꽃으로도 지상의 사물로는 가려지지 않는 영원한 미지의 불가사의다. 시력 예순 해 구순의 시퍼런 현역이 마침내 절대의 좌표 〈여자〉를 붓으로 그리고 시로 형상화하는 대담하고도 눈부신 공력에 무한의 경의를 바친다. 이 땅의 시에 또 하나의 시벽이 세워진 것이다.

붓끝으로 읽은 시대 진단,
혹은 원융圓融으로 불러낸 인간애

민병도 | 시인·화가

1

녹원 이상범 시인이 캐리커쳐(caricature) 시조집 『새』를 신작으로 묶었다. 1967년 첫 시조집 『일식권』을 출간한 이후 2019년 디카 시조집 『녹차를 들며』에 이르기까지 발표 시집만도 디카 시조집 8권을 포함하여 24권에 이르고 선집이나 전집을 포함해 30권에 이르는다는 점을 감안하면 또 한 권의 발표 시조집을 상재한다는 것 자체만으로도 경이로운 성과라 하겠다. 물론 그간에도 순수한 시조 작품만 발표한 시조집 외에도 난초를 그린 시화집, 펜화를 곁들인 시조집, '감성 화첩'을 곁들이거나 디지털카메라 사진을 활용한, 소위 디카 시조집까지 실로 다양한 소재 발굴과 그림이라는 장르 차용에 이르기까지 젊은 열정으로도 따르기 힘든 다양한 시도를 경주해 왔다. 거기에다 그의 연치가 아흔, 시조단 전체를 살펴도 최고 원로라는 점을 감안하면 더더욱 놀랄만한 시조 사랑이 아닐 수 없다.

실제로 그가 걸어온 시조의 발자취를 따라가 보면 범인들로서는 믿기 어려울 정도의 작업량과 다양한 활동 양상, 열정적인 시조 사랑의 실천수행으로 짜여 있다. 1963년 《시조문학》 천료에 이어 1965년 《조선일보》 신춘문예 당선으로 문단에 나온 연도로만 셈해도 60주년에 이른다. 작품의 창작과 발표는 앞서 언급한 바 있지만 그 결과로 확보한 성과 또한 이미 그를 능가할 자가 없다. 정운시조문학상, 한국문학상, 중앙시조대상, 육당문학상, 이호우시조문학상, 가람시조문학상, 고산문학상, 바움(숲)문학상, 유심작품상 특별상, 이설주문학상 등을 수상하였고 한국시조시인협회 회장, 한국문인협회 시조 분과 회장, 한국시조사 대표, 포석문학회 회장 등 다양한 행정의 소임을 맡은 바 있기 때문이다.

특히 젊은 시조인들의 창작 욕구를 견인하기 위하여 《한국시조》를 창간하고 〈한국시조작품상〉을 제정하여 20년이나 운영해온 공적은 문학 우선주의가 놓치기 쉬운 문학인으로서의 역사의식과 사명감을 보여준 귀감으로 남아있다. 이는 우리나라 지식층이 천년에 가까운 기간 동안 일구어온 정형시의 세계적 자산인 시조, 그 문학적 성과에 기대고자 하는 일반적인 접근방식과는 결을 달리하는 실천적 삶을 보여준 귀한 사례이자 가치덕목이라 할 것이다.

2

시와 그림은 각기 다른 표현 방법을 사용하지만 인간의 상징적 기대 가치의 전달 수단이라는 공통된 미학을 목표로 창작되는 예술이다. 시는 문자를 빌리고 그림은 형상과 색채를 빌려 작가가 상상력으로 접근하고자하는 가상의 세계를 가시화함으로써 독자들과의 일체화된 공감대에 접근하기 마련이다. 그럼에도 이 두 장르는 서로 다른 고도의 차별성을 미적 질서가 확연하여 결코 함께 아우르기가 쉽지 않다. 예로부터 시화일여詩畵一如라던가 시중유화 화중유시詩中有畵 畵中有詩라 하여 지식층에서 갖추어야 할 우월적 가치 덕목으로 삼아왔지만 보편적 접근방식은 아니었다.

우리가 잘 알고 있는 그림을 병행해온 문인으로 추사秋史 김정희, 다산 정약용, 공재 윤두서 같은 조선조의 인물들 외에도 김상옥, 조병화, 성춘복, 구중서, 이외수, 김지하, 나태주 등등 현대에 이르기까지 많은 문인들이 조형 언어를 또 다른 미의식의 전달 수단으로 활용해 왔다.

하지만 이 가운데서도 취미생활의 수준을 넘어 자산만의 분명한 조형 세계를 확보한 경우는 손꼽을 정도에 불과하다. 하나의 장르만으로도 독자적인 자기의 조형 양식을 갖추기 어려운 것이 예술세계의 질서이기 때문이다.

그런 관점에서 보면 이상범 시인의 경우 수십 권의 시조집의 상재에서 보인 문학적 성취도에 더하여 여러 차례 개인전을 통해 개성적인 조형미를 선보인바 양수겸장의 예인의 반열에 올라 있다. 이번 시조집에서도 알 수 있듯이 수백 편의 인물화를 통한 시대 미의식 탐구 작업이 보인 열정과 작업량은 이미 보편적 경지를 훨씬 벗어나 있다.

우선 이번 시조집의 몇 가지 특징을 짚어보면 우선 시조집 부제에서 밝힌 대로 〈코로나 시대의 여류 인물 풍경〉 378편의 여인이 캐리커쳐라는 양식의 인물화로 등장하고 그 가운데 42명에게는 창작 시조를 곁들인 이상범 예술의 백미白眉라는 점이다. 더욱이 지구상의 많은 사람들을 불안하게 만든 〈코로나19〉라는 펜데믹(pandemic)을 맞아 위축되고 절망할 수밖에 없었던 시대 상황에서 아흔에 근접한 노시인의 창발적이고 긍정적인 세상읽기라는 점에서 시가 넘쳐나도 시인을 보기 힘든 세상의 우뚝한 실천행동의 전범典範이라 하겠다.

다음으로는 이번 시조집에는 시인의 예리한 붓 터치를 통해 그의 필생토록 갈구해온 인간애가 드러나 있다는 점을 들 수 있다. 사람의 얼굴에는 그가 지나온 시간의 기록들이 나타나기 마련이다. 피부색이나 표정, 주름살과 같이 밖으로 나타나는 외장하드뿐만 아니라 행복과 불행, 기쁨과 슬픔을 겪어낸 정신의 반응 기록이 고스란히 내장되어 있다. 얼굴은 지나온 과거의 현재 모습인 동시에 미래로 가는 출발점이기도 하다. 세상 그 어디에도 같은 얼굴이 없으며 같은 행동반경을 지니지 못한다. 그 독자적이고 다양한 모습으로 축약된 우주 질서의 천차만별한 모습 앞에서 망백에 이른 이상범 시인은 사람의 존재에 대한 근원적인 물음과 만나게 된 것이다.

물론 이번 시조집 『새』는 〈자서〉에서 밝힌 대로 고독과 불행, 설상가상으로 맞닥뜨린 코로나19의 위기를 딛고 일어서기 위한 극기의 한 방편으로 나선 산책으로부터 비롯된다. 노구를 끌고 몇 시간을 걷자면 의당 쉼터가 필요하기 마련인데 그는 주로 차 한 잔 마시면서 다양한 사람들의 휴식이 공유되는 카페를 택해 공동체로서의 인간애에 합류한 것이다.

또 다른 하나는 그림에 남은 대상물을 소재로 확장하고 상상력을 궁구하여 장르 간의 조화를 이루었다는 점도 빼놓을 수가 없다. 이는 그가 이미 여러 권의 디카 시조집을 통해서 확보한 독자적인 사고의 배양과 이념의 확장이라는 성과에 힘입은 결과라 하겠다. 오늘날의 현대적인 미의식이 고스란히 노정된 첨단 패션과 화장술, 시대의 기운이 여지없이 투영된 물상이야말로 얼마나 귀한 시적 동기이었으랴.

거기에 더하여 이번에 선보인 42편의 시조가 지닌 굳건한 정형성의 질서를 주목할 필요가 있다. 자유시의 유입과 맞물린 현대시조는 불필요한 형식 실험 등의 평계로 적잖은 정형성의 훼손을 감내하지 않으면 안 되었다. 시조를 시조의 정체성으로 접근하지 못하고 자유시와 비견하려는 사시斜視로 접근한 까닭이다. 시력 60년이 넘는 시인의 경우 그간 형식에 관한한 일고의 의구심이나 흔들림을 보여준 적이 없었다. 익숙한 것과 지루한 것을 구별하지 못하고 서구미학에 노정된 젊은이들이 자유시의 배행법이나 행갈이에 흔들리는 혼란스러움에도 말없는 본보기를 제시해온 것이다.

어떤 의도나 욕심을 가지고 사물을 바라보면 사물의 본디 모습을 놓치기가 쉽다. 붉은 색안경을 끼고 푸른 바다를 읽어낼 수 없는 것과 같은 이치일 것이다. 긍정과 부정, 이기심과 이타심의 경계에서 읽어내는 대상과 몸짓, 표정의 현재는 과연 어떤 존재론적 의미와 가치로 비쳐졌을지 궁금하다.

3
그가 그린 그림 가운데서도 시조를 곁들인 데에는 나름의 기준이 작용하였을 것이다. 여기서는 다만 그 가운데 무작위로 몇 편을 골라 시인이 읽어내고자 한 시간에 대한 해석, 존재에 대한 의미와 사색, 시대의 미의식 탐구라는 잣대로 접근해 보고자 한다.

> 지난 가을밤엔
> 초록별도 많이 쏟아져
> 지금도 옷섶엔
> 별이 아직 남아 있다
>
> 몇 광년 가야 할 초록별
> 마스크 속 까만 별
> -「까만 별」 전문

이 작품에 곁들인 그림에는 검은 종이에 흰색 팬으로 그린 초록별 상의에 마스크를 한 여인이 그려져 있다. 〈시인의 말〉에서 언급한 대로 비교적 이번 시리즈의 초기작에 해당되는 캐리커처이다. 눈동자만 빠끔히 내놓은 채 큰 마스크로 복면처럼 감싸고 '코로나19'로 차단된 세상을 풍자한 포스터 같지만 제목은 「까만 별」이다.

하지만 '까만 별'이라는 생뚱맞은 제목도 제목이거니와 초장부터 "지난 가을밤엔 / 초록별도 많이 쏟아져"로 시작하여 종장의 "몇 광년 가야 할 초록별"까지의 무한대의 시간과 공간을 통할하는 우주 질서에 접근하고 있다. '초록별', '별', '초록별', '까만 별' 등 단시조 한 편에 등장하는 별의 이미지는 각각 다르면서도 "마스크 속 까만 별"로 종결되는 현상적 순간과 그 한계에 초점이 맞춰져 있다. 한반도라는 지엽적인 한계, 21세기라는 시간대와 코로나라는 불가역적 재앙, 생명의 유한성까지가 짧은 단시조의 행간에 암호 같은 추상적 메시지를 상감해 둔 시편이다.

> 싸움이 없는 나라
> 만들어 주옵소서
> 평화로운 가정마다
> 넘치는 화목 비옵니다
>
> 어리고 작은 조막손의
> 뜨건 기도 들어 주소서
> - 「조막손의 기도」 전문

나약한 한 소녀의 기도를 그린 이 작품 또한 2022년도에 그린 초기작에 해당한다. 무언가 간절하게 기도하는 옆모습으로 앉은 소녀의 하얀색 선묘가 경건함을 더해주고 있다. 이 '소녀의 기도'를 그리는 동안 시인은 극단적 이기심으로 분열되고 불안한 시대상과 해체되어가는 가정, 식구의 퇴색된 가치관에 대한 반성과 참회적 사색에 젖은 모습이었으리라. "평화로운 가정마다 / 뜨건 기도 들어주"기를 바라는 염원에 궤를 같이하고 보편적 가치로 읽히는 세상을 꿈꾸게 된다.

마치 한 폭의 명작 성화를 보는 것 같은 소품인데 어느 날 예상치 못한 선연善緣으로 시대상의 아우르는 진단의 표본이 되어 이 작품을 손에 받아 쥔 주인공은 얼마나 행운아였을까를 떠올려보게 한다.

붓으로 죽죽 그은
선이 잠시 꿈틀댄다
흔들리며 제자리로 와
미인이 되어 앉아 있다

가을 물 서늘한 하늘
높이 뜨는 단정학丹頂鶴
−「단정학丹頂鶴」전문

'늦가을 스산한 바람!'이라고 메모해둔 측면 얼굴의 묶음 머리 여인의 그림에서 시인은 한 마리 「단정학」을 보게 된다. "붓으로 죽죽 그은" 몇 가닥의 "선이 잠시 꿈틀댄다"는 초장에서 보듯이 극단적으로 생략된 선이 끄집어낸 상상력의 힘은 "흔들리며 제자리로 와 / 미인이 되어 앉아 있"었기 때문이다.

오늘날의 회화사를 톺아보면 구상적 표현과 비구상적 표현이 시대 상황에 따라 반복을 거듭해오고 있다. 현대적 미학의 유행을 이끄는 하나의 조류인 추상적 표현은 차치하고 사실적 표현을 그림의 목적이나 이상적 가치로 평가하는 구상 부분에서도 그 재료나 표현 양상은 지극히 다양하다. 그중에서도 문인들의 경우 문학의 생명인 상징성과 궤를 같이하는 비구상적 표현, 즉 사의주의寫意主義 표현양식을 빌리기를 선호한다. 그러나 몇 가닥 되지 않는 그 선이 주는 강약이나 선에 나타내고자 힘을 감지한다면 시의 행간에서 놓치기 쉬운 시인의 마음마저도 고스란히 전달되어 읽힌다.

> 기다리는 시간은
> 영 오지 않았다
> 풀 향기 같은 가을
> 향내 맡고 살고 싶다

풀벌레 짧은 삶이어도
더디 사는 법 일러준다
-「더디 사는 법」 전문

앞의 시편 「단정학」에서의 포즈와는 정반대인 이 그림도 극히 단조로운 선 몇 가닥 안에 성격마저도 엿볼 수 있을 만큼 강한 개성을 특징으로 하는 작품이다. 무엇을 기다리는지, 누구를 기다리는지 "기다리는 시간은 / 영영 오지 않"은 애잔함이 여백마저도 여운으로 가득 채우고 있다.

물론 이 같은 상상의 이입은 전적으로 시인의 계략이고 요량이다. 단지 여인은 작품의 소재이며 오브제일 따름이다. 사람의 한평생도 짧다고 회한에 젖기 일쑤인데 한 마리의 곤충인 "풀벌레 짧은 삶"이야 오죽하랴. 얼마나 아끼고 소중히 다뤄야 할 시간인가. 어떤 존재라도 제각기 달리 허용된 시간은 있기 마련이고 그 시간을 어떻게 활용하느냐에 따라 삶의 질이나 결과는 천차만별하다. 그것을 어떻게 언설로 설명하랴. 몇 개의 선과 면 처리로 독자의 상상력을 겨냥하고 있다. 이 부분이야말로 그림이 지닌 고유한 가치요 미덕이라 하겠다.

아름다운 꽃이 지자

초록이 눈부시다
녹음의 잎 그늘엔
벤치가 새삼스럽고

꾀꼬리 한 쌍의 사랑놀이
소리에도 노란 향기…
- 「꾀꼬리 소리에도 노란 향기」 전문

"아름다운 꽃이 지자 / 초록이 눈부시다"는 이번 그림에서도 여지없이 '초록'이라는 단어가 등장한다. 이상범 시인의 아호가 녹원錄源(초록의 들녘, 혹은 초록의 근원)임을 감안해 보면 아마도 숙명적인 색깔이었으리라 여겨진다. 이 작품의 제작 시기가 5월 3일이니까 꾀꼬리의 시간이기도 하고 어쩌면 꾀꼬리 소리를 듣거나 날아가는 모습을 보았을 수도 있었을 것이다. 하지만 그는 이 여인에게서 "꾀꼬리 한 쌍의 사랑놀이"를 읽어내고 "소리에도 노란 향기…"를 맡아내는 상호 긍정의 주술에 빠진다.

상상력이 이끌어낸 인간에 대한 존재론적 탐구는 이 작품에서도 놀랍도록 아름답고 눈부시다. 「꾀꼬리 소리에도 노란 향기"가 난다는 이러한 공감각이 아흔의 나이에서도 가능하다니 어찌 경이롭지 아니한가. '소리'의 청각, 향기의 '노란'색채 이입이라는 후각이 조화를 이룬

3중 교감 표현이 그저 놀라울 따름이다.

> 숨소리만 들리는 듯
> 움직이지 않았다
> 세상을 꿀꺽 삼킨 채
> 삶을 생각하게 했다
>
> 태백엔 부라리는 독수리
> 응시하는 동해 저쪽.
> -「고요 생각」전문

T 카페 창가에 한 소녀가 혼자 다소곳이 앉아 있다. 이목구비가 큼직큼직하고 긴 머리를 늘어뜨린 모습이 스쳐보아도 선이 굵은 미인 형이다. 그리고 그림의 위에 「고요 생각」이라는 제목을 붙여두고 '초겨울 창가에 앉은 소녀像'이라는 설명이 붙은 2023년 11월 27일의 작품이다. '고요'와 '생각', 언뜻 생각하면 서로 다른 의미가 담긴 두 개의 명사를 하나의 이름으로 묶었다는 점에서 의아하게 와 닿을 수도 있겠다.

고요는 무위無爲적 상황이고 생각은 유위有爲적 상황이다. 서로 다른 의미를 하나로 묶은 화두쯤으로 여겨졌다.

이 지점에서 문득 불가에서 흔히들 참선 과정에서 관점의 예로 삼는 당나라의 선승 조주趙州 선사의 선문답 '끽다거喫茶去'가 생각난다. "끽다거喫茶去", '차나 한 잔 마셔라'의 의미이겠는데 문제는 그 대상이 누구라도 예외가 없고 어떤 인연이라도 차이가 없고 어떤 상황이어도 다르지 않은 같은 처방이라는 데 있다. 처음 온 사람, 자주 오는 신도信徒, 그 분별없는 그 불이법을 따지고 묻는 이는 각기 다른 물음을 가질 테지만 차 한 잔 앞에서도 자성을 잊고 분별에 의한 차이를 얻고자하는 망념을 버리라는 공안公案이었을 것이다.

고요를 바라보는 시점을 확장시켜 "태백엔 부라리는 독수리"가 "응시하는 동해 저쪽" 바다의 넓이와 깊이에 맞닿아 있다는 상상력이야말로 이상범 시조의 경건한 힘이다.

4

지금까지 이상범 시인이 캐리커쳐(caricature) 시조집 『새』를 첫 독자로서 일별하였다. 그는 독실한 불교 신자이다. 비단 신앙적 믿음에서 비롯한 것은 아니지만 세상에 고정불변한 존재로서 상주하는 물상은 없다는 것을 그는 알고 있다. 즉 지금의 현상적 존재는 과거로부터 미래로 변해가는 과정의 한 스냅일 따름인 것이다. 따라서 그의 그림에서 소재로 선택된 인물은 물상 고유의 정체성으로부터 작가의 작의에 따른 새로운 미학적 값으로 치환되어 나타나 있다. 붉은 사과를 보고 그린다고 해서 반드시 붉게 그릴 필요가 없다는 의미에 다름 아니다. 대상의 외형 묘사나 가시적 재현은 심미안적 작의를 형상화하는 수단이지 그 자체가 목적은 아니기 때문이다. 관점에 따라서는 오늘의 현재를 이끌어온 과거와 아직 가보지 못한 미래가 둘이 아닌 하나不二이고 실천을 주도해 온 지난날과 앞으로 맞게 될 가상의 시간 또한 이와 다르지 않다는 상상의 힘에 방점을 찍은 것이다. 따라서 그는 그림에서의 작의와 시조의 메시지를 하나의 미적 효과로 재구성하는 보법을 잘 보여주었다.

이같이 극단적으로 단순화된 선의 조형미와 정제된 언어의 행간에서 만나는 미적 교합은 직관적 추론에 의존하므로 실황과는 상관없이 그 공간의 넓이와 깊이를 무한하게 열어주고 있다. 이러한 작의를 제대로 읽기 위해서는 먼저 그의 행간에 장치된 은유의 정서적 지향을 이해하지 않으면 안 된다.

이번 시조집을 통해서 다시금 이상범 시조가 지향해온 소재의 다양성과 심미안적 상상력, 장르의 통섭적

해석에 이르기까지 60년간 이어온 시조 시학의 완성을 보여주고 있다. 단형시조가 지닌 형식적 제약을 오히려 장점으로 흡수하여 마치 선시禪詩의 해석 편을 떠올릴 만큼의 강한 개성미를 확보하고 있다. 이처럼 제한된 시대적 인물상의 크로키라는 작업을 통하여 그만의 개성적인 미의식을 현현顯現하는 동시에 결코 자유롭지 못한 자신의 시간을 치유하는 효과를 함께 얻게 된 것이다.

    코로나 시대의 폐쇄적이고 암울한 일상을 극복하고자 필사적인 노력으로 이룬 이번 작업의 의미는 우리 시조 단에 '소재의 확장'과 '장르 간의 조화로운 합일'이라는 영역의 확장뿐만 아니라 개인적인 역량의 총화라는 문학적 성과로서도 시조사에 기록될 것이다.

녹원 이상범 시인의 상상 세계

이숭원 | 문학평론가

녹원 이상범 시인은 등단한 지 60년이 넘었다. 그동안 시만 쓴 것이 아니라 특유의 예술적 재능을 발휘하여 그림과 서예, 전각, 사진 등에 일가를 이루어 작품을 제작했다. 20년 전부터는 캐리커처에 취미를 느껴 카페에서 차를 마시며 여성의 모습을 볼펜이나 붓펜으로 그렸다. 그렇게 그림을 그리면 어떤 사람은 눈물을 흘리며 감동을 표현하고 고마워했다고 한다. 각박한 세상에 아주 좋은 일을 했다. 그렇게 1,000여 명의 여성들에게 그림을 선사했다니 놀라운 일이다. 캐리커처를 그리며 여백에 글도 덧붙였는데 그것을 발전시켜 시조 작품을 완성했다. 42편의 시조를 수록하고 그와 관련된 캐리커처를 몇 개씩 소개했다. 42편의 시조를 수록한 것은 불가의 42장경을 염두에 두었다고 했다. 그러나 시조 작품에 불교적 사유가 나타난 것은 거의 없다.

나는 문학평론가이기에 캐리커처에 대해 논평할

자격이 없다. 다만 캐리커처와 관련된 그의 시조에 대해 간단한 감상의 글을 쓰고자 한다. 그림과 문학이 접합하는 독특한 국면에 관심을 두고 시인의 상상력 작동의 특징과 그것의 결과적 성과에 대해 간략히 서술하려 한다. 그의 시조가 캐리커처를 통해 창출된 것이지만 그림은 참조만 하고 시조의 문학적 성과를 주로 검토할 것이다. 독자들도 이 시집을 읽으며 그림을 감상하면서 작품을 읽을 텐데, 그림과 작품의 상호 관계도 흥미가 있겠지만, 그림은 고정되어 있고 시조는 언어를 통해 연상 작용을 일으키기 때문에 시인이 펼쳐내는 상상 세계에 더 관심을 기울이게 될 것이다. 그러니 독자의 작품 이해를 도와준다는 뜻에서 시인의 상상 세계를 친절하게 설명하려 한다.

> 기다리는 시간은
> 영 오지 않았다
> 풀 향기 같은 가을
> 향내 맡고 살고 싶다
>
> 풀벌레 짧은 삶이어도
> 더디 사는 법 일러준다.
> - 「더디 사는 법」 전문

누군가를 기다리는 찻집의 여성을 보고 그린 캐리커처에 부친 작품이다. 기다리는 시간은 희망과 좌절의 시간이다. 누군가를 기다린다는 것은 희망을 전제로 한다. 그러나 기다리는 사람이 오지 않으면 그 시간은 좌절의 시간이다. 그러니 기다림 속에는 희망과 좌절, 기쁨과 아쉬움이 교차한다. "기다리는 시간은/영 오지 않았다"라는 말은 시간이 오지 않았다는 뜻이 아니라 기다리는 대상이 오지 않았다는 뜻이다. 기다림의 대상이 나타나지 않았으니 기다리는 시간 자체가 증발했다고 본 것이다. 기다리는 시간이 오지 않는다면 희망도 오지 않을 것이다.

그러나 때는 가을이라 향기로운 풀 냄새가 풍겨 온다. 부재의 허전함을 메우는 풀 향기가 있다면 기다리는 시간이 오지 않아도, 그 시간이 영원히 사라져도 견딜 수 있을 것 같다. 풀잎 사이에서 풀 향기가 피어난다. 향기에 섞여 풀벌레 울음소리도 들린다. 소리는 멈추지 않지만, 풀벌레의 삶은 길지 않을 것이다. 풀이 시들면 풀벌레도 사라질 텐데 그렇다 하더라도 지금 이렇게 풀 향기를 맡으며 풀벌레 울음소리를 들으면 시간이 더디게 흘러가는 듯하다. 심지어는 시간이 정지된 듯한 느낌도 일으킬지 모른다. 만일 시간이 정지된다면 기다리는 시간이 오지 않는 일도 없고 풀벌레가 사라지는 법도 없다. 우리는 시간을 초월하여 영원을 살 것이다. 이상범 시인은 이렇게 누군가를 기다리는 여인의 초상을 통해 시간을 초월한 영원의 시간을 상상해 보았다.

> 숨소리만 들리는 듯
> 움직이지 않았다
> 세상을 꿀꺽 삼킨 채
> 삶을 생각하게 했다
>
> 태백엔 부라리는 독수리
> 응시하는 동해 저쪽.
> - 「고요 생각」 전문

이번에도 누군가를 기다리는지 꼼짝하지 않고 핸드폰만 응시하는 한 여인의 모습을 그렸다. 작품에는 핸드폰을 응시한다는 말은 없지만 여인의 초상을 보니 핸드폰을 들여다보고 있다. 핸드폰이 있으니 지루함 없이 몇 시간이라도 앞을 응시할 수 있을 것이다. 미동도 하지 않고 앞을 보고 있으니, 숨소리도 들리지 않는 것 같다. 마치 세상을 꿀꺽 삼켜 안으로 집어넣은 것 같다. 그렇다면 그 여인의 삶은 어디에 있는가. 핸드폰을 바라보는 여인에게 있는가, 여인이 응시하고 있는 그 핸드폰 속에 있는가. "모든 것이 이 손안에 있소이다"라고 외친 한명회처럼 그 여인도 핸드폰 속에서 세상이 돌아가는 모습을 알아차리는지 모른다.

그 여인을 바라보는 이상범 시인도 숨을 죽이고 관조할 수밖에 없었을 것이다. 관조하면서 그 여인의 삶은 무엇인지, 자신의 삶은 또 어디에 있는지를 묵상했을 것이다. 그런 명상 끝에 시인은 태백산 봉우리를 날아다니는 한 마리 독수리를 떠올렸다. 독수리가 큰 눈으로 응시하는 대상은 무엇인가. 그 여인의 눈도 독수리처럼 커서 숨을 멈추고 핸드폰 깊은 곳을 뚫어져라 보는데 마치 독수리가 태백 높이 떠서 동해 푸른 바다를 응시하는 것 같다. 이렇게 되면 고요한 정지의 자태로 전면을 몰두하는 그 여인은 태백에 떠서 동해를 관망하는 장엄한 형상이 된다. 고독한 관찰자가 아니라 큰 포부를 지닌 견자見者가 되어 동해의 심부를 노려보는 것이다. 참으로 호쾌하고 독특한 상상이다.

    장마 뒤에 옥빛 하늘
    옥빛 구름 옥빛 바람
    볶아 엉긴 머릿결이
    동글동글 미로 같다

세상사 돌고 도는 곡예
태풍의 눈 소용돌이
- 「태풍의 눈」 전문

이번에는 머리채를 미로처럼 볶아 내린 여성의 초상이다. 완전히 동글동글 굴러가는 머리채가 장마 뒤에 들이닥친 태풍의 눈이 되어 옥빛 바람을 일으킨다. 옥빛 하늘이 옥빛 구름을 낳고 옥빛 구름이 옥빛 바람을 일으키니 세상은 온통 옥빛 세상이 된다. 장마 뒤에 맑게 갠 옥빛 세상을 연상하면 되겠다. 그러한 옥빛 물결은 여인의 미로 같은 머리채에서 파생된 상상 세계다. 여인은 그저 가만히 있지만 끊임없이 약동하는 듯한 머리 모양이 갈피를 잡을 수 없는 세상사처럼 미로의 파란을 일으킨다. 세상사는 돌고 도는 곡예와 같은 것이다.

예전에 외국곡을 번안해서 부른 조영남의 '물레방아 인생'이란 노래가 있었다. 세상만사 어지러운 듯하지만, 호박 같은 세상 돌고 돌아 정처 없이 이곳저곳 구경이나 하면서 물레방아 돌 듯이 둥글둥글 살아보자는 내용의 노래다. 원곡은 미국의 록 밴드 CCR이 발표한 "PROUD MARY"라는 노래다. 원곡의 가사는 도시에서 여러 가지 일을 하던 주인공이 도시를 떠나 미시시피강을 운행하는 프라우드 메리 호에 올라 강물을 누비며 자유롭게 살게 된 것을 예찬하는 내용이다. 원곡의 가사와 비슷한 면도 있지만 세상을 물레방아 돌 듯이 둥글둥글 돌면서 살아보자는 토속적인 가사는 원곡과 다르다.

그런데 위의 시조는 세상사가 돌고 도는 곡예 같다고 하면서도 그 움직임을 "태풍의 눈 소용돌이"라고 했으니 그렇게 편한 느낌이 아니다. 태풍의 눈은 중심에 고요히 머물지만 그 주변은 굉장한 격동의 파란이 일어난다. 그 여인의 머리채는 겉으로 정지된 미로의 느낌을 주지만 사실은 태풍의 눈을 내장한 위험한 곡예를 연상시킨다는 뜻이다. 옥빛 하늘과 옥빛 바람이 언제 소용돌이를 일으킬지 알 수 없는 상황이다.

> 풋것의 상想을 심고
> 생각의 물 주었더니
> 어느새 웃자라서
> 꽃눈까지 달고 나왔다
>
> 과제가 익는 시간표 속
> 과실 향도 살짝 난다.
> - 「노트북을 바라보며」 전문

앞의 두 작품이 고요 속의 격동을 보여준 데 비해

이 작품은 차분한 성숙의 이미지를 전달한다. 찻집에서 노트북을 펼쳐 놓고 과제를 열심히 준비하는 젊은 여성을 대상으로 했다. 과제 제출 날짜가 다가온다고 걱정하며 노트북으로 무언가를 작성하는 여인이다. 누구를 기다리는 것도 아니고 핸드폰을 응시하는 것도 아니니 차원이 다르다. 이 여인은 탐구하고 창조하는 여인이다. 그래서 시인은 그 여인을 식물의 성장에 비유했다.

풋것이란 아직 덜 익은 상태의 식물을 말하니 아직 완성되지 않은 초보 단계의 생각을 과제물에 담은 것이다. 그러나 거기 생각의 물을 주고 정성을 기울였더니 어느새 기대 이상으로 자라서 꽃눈까지 보인다고 했다. 시인은 마음으로 그렇게 되도록 희망의 상상적 지원을 보낸 것이다. 처음 시작하는 일이 어렵지 일단 시작하면 생각이 생각을 불러일으켜 꽃눈을 벌게 한다. 첫 문장을 기다리면 그 첫 문장이 둘째, 셋째 문장을 이끌어 생각의 잎눈과 꽃눈이 돋아난다. 열심히 노트북을 두드리는 그 귀여운 여학생이 그러한 결실을 얻으리라 소망한 것이다. 그랬더니 과제가 정말로 완성되었는지 그 여인 주변에서 과일 향이 살짝 나는 느낌을 받는다. 시인은 과제 준비하는 여학생을 식물로 설정하고 풋것을 심고 물을 주고 성장해서 꽃눈을 달고 더 나아가 과일이 익어 향이

풍기는 과정으로 표현했다. 그 착실한 여학생에게서 성장하는 식물의 모습을 상상한 것이다.

> 맺힌 것 모두 풀고
> 새로운 힘을 싣는다
> 너의 길 거울삼아
> 나를 마냥 가꿔 간다
>
> 스스로 가고는 아니 오는
> 쇠기러기 높은 운행.
> - 「쇠기러기」 전문

쇠기러기는 기러기보다 조금 작은 겨울 철새다. 그 작은 몸으로 무리를 지어 장거리 이동을 해서 추운 지역에서 생활한다. 봄에서 여름까지는 시베리아나 사할린 같은 냉대 지역에서 살다가 가을에 우리나라로 와서 겨울을 나고 다시 북쪽으로 이동한다. 쇠기러기가 무리를 이루어 하늘을 나는 모습은 장엄하다. 시인은 친구들과 활기차게 이야기를 나누며 삶의 매듭을 풀어가는 여인에게서 삶의 생기와 활력을 발견했다. 그래서 그 여인을 쇠기러기에 비유했다. 헤아릴 수 없이 먼 길을 비행해서 추운 지역에서 생을 꾸려가는 쇠기러기의 생명력을 그 여인에게서 발견한 것이다. 그래서 여인의 초상도 선명

한 머리 모양과 밝은 의상에 뚜렷하고 활기찬 모습으로 그렸다.

그 여인은 친구들과 대화를 통해 삶의 옹이를 모두 풀고 새로운 의욕을 얻어낸다. 힘과 의지가 있다. "너의 길 거울삼아 / 나를 마냥 가꿔 간다"라고 했으니 다른 사람의 언행을 타산지석으로 삼아 자신의 올바른 길을 찾아가는 것이다. 남이 잘못한 일에서 스스로를 경계하고 남이 잘한 일은 자기가 따르려 하니 공자가 말한 삼인행三人行의 교훈을 그대로 실천하는 올바른 여인이다. "스스로 가고는 아니 오는 / 쇠기러기 높은 운행"은 무슨 뜻일까? 자신이 택한 길을 간 후에는 뒤를 돌아보지 않고 후회하지 않는다는 뜻일까? 아니면 자신이 정한 길이라면 좌고우면하지 않고 앞만 보고 굳건히 간다는 뜻일까? 어떤 경우든 '높은 운행'이라고 했으니, 경외의 시선으로 상당히 높이 우러러보았다는 뜻임은 분명하다. 남자들도 감히 행하지 못할 뚜렷한 덕성을 보였음이 분명하다. 다른 작품과는 달리 추앙의 시선을 담은 작품이라 이채롭게 보인다.

이러한 몇 편의 시와 캐리커처를 살펴본 결과 이상범 시인이 보여주는 시와 그림 창조 작업이 거의 종교적 수행의 경지에 가 있음을 알겠다. 이런 일은 아무나 할 수 있는 일이 아니다. 마치 수행자가 순례하고 참선하듯이 거리를 걷고 찻집에 앉아 초상을 그리고 시조를 짓는 일거일동의 모든 조합이 수행의 과정이라는 생각이 든다. 이러한 창조 수행은 정신과 육체의 운기조식運氣調息에 큰 도움이 될 것이다. 변함없이 유지되는 수행 덕분에 육체의 연치를 넘어서서 그의 건강이 젊게 유지되는지 모르겠다. 그만의 독특한 비결을 유지하고 실행하는 것도 천운이니 이 길에 더욱 정진하여 천수 누리기를 기원할 따름이다.